# अतिरिक्त नहीं

# अतिरिक्त नहीं

विनोद कुमार शुक्ल

वाणी प्रकाशन

पहला संस्करण : 2000
दूसरा संस्करण : 2012
तीसरा संस्करण : 2021
चौथा संस्करण : 2023

**वाणी प्रकाशन**

*4695, 21-ए, दरियागंज, नयी दिल्ली-110 002*

फ़ोन : +91 11 23273167 फ़ैक्स : +91 11 23275710

**शाखाएँ**

*अशोक राजपथ, पटना-800 004, बिहार*

*कॉफ़ी हाउस कैम्पस, महात्मा गांधी मार्ग, इलाहाबाद-211 001, उत्तर प्रदेश*

*महात्मा गांधी अन्तरराष्ट्रीय हिन्दी विश्वविद्यालय, वर्धा-442 001, महाराष्ट्र*

*36/ए, शेक्सपियर सरणी, रानी बिरला गर्ल्स कॉलेज के पास, कोलकाता-700 017, प. बंगाल*

www.vaniprakashan.com
marketing@vaniprakashan.in
sales@vaniprakashan.in

Atirikt Naheen
*by* Vinod Kumar Shukla

ISBN : 978-81-7055-727-2
Poetry Collection



मूल्य : ₹ 350



*आर. टेक ऑफ़सेट प्रिंटर्स, दिल्ली-110 032 में मुद्रित*

*वाणी प्रकाशन का लोगो मक़बूल फ़िदा हुसेन की कूची से*

*दादा जी (डा. रामचन्द्र मिश्र) देवेन्द्र चिका सिया*
*अम्मा (विद्या देवी) अनंत माला को*

# अनुक्रम

## एक

## दो

## तीन

*'शब्दहीनता में*
*मैं किसी भी कविता के पहले*
*मुक्ति को मुक्तियों में दुहराता हूँ*
*शब्दशः नहीं ध्वनिशः*
*एक झुंड पक्षियों का पंख फड़फड़ाकर*
*उड़ जाता है।'*

# एक

# हताशा से एक व्यक्ति बैठ गया था

हताशा से एक व्यक्ति बैठ गया था
व्यक्ति को मैं नहीं जानता था
हताशा को जानता था
इसलिए मैं उस व्यक्ति के पास गया
मैंने हाथ बढ़ाया
मेरा हाथ पकड़कर वह खड़ा हुआ
मुझे वह नहीं जानता था
मेरे हाथ बढ़ाने को जानता था
हम दोनों साथ चले
दोनों एक दूसरे को नहीं जानते थे
साथ चलने को जानते थे।

# एक विशाल चट्टान के ऊपर

एक विशाल चट्टान के ऊपर
एक चट्टान इस तरह रखी हुई है
कि अभी अभी गिरने को है
यह अभी अभी गिरने को है पुरातन है
अभी अभी गिरने को है जैसे शाश्वत है
अभी अभी गिरने को है एक भविष्य है
पर जो अभी अभी गिरने को है
कब से कभी नहीं गिर रहा है
और इसके नीचे से एक रास्ता जा रहा है
यह कितना नवीन है
कि इस अभी अभी गिरने को है चट्टान की छाया में
अभी एक चरवाहा आकर खड़ा हो गया है।

## तथा

तथा
घर के लोगों से घर का संबंध नहीं
तथा यह सामाजिक समाज नहीं
तथा थोड़ी दूर पर रहने वाला मेरा भाई
कई दिनों से मिला नहीं
तथा सड़क से जाते हुए वह मुझे दिखा
उसने भी देखा
पर चला गया
तथा साइकिल वाले से
जब टकराते मैं बचा
और तथा साइकिल वाले ने तब मुझसे कहा "भाई बचो"
एक जबर्दस्त टक्कर होने के पहले
ट्रक ड्राइवर ने भी कहा हो—साले।
तथा सड़क के किनारे हटकर मैंने सुना
राशन लेने वालों को दुकानदार ने
धीरे से माँ-बहन की गाली दी
और चिल्लाकर लाइन लगाने को कहा
तथा माँ-बहन की गाली से जन्मा
वह लड़का मुझे दिखा
पिता-भाई की गाली से जन्मी
वह लड़की मुझे दिखी
तथा दोनों के पास उनका या किसी का राशन कार्ड था

तथा लाउड स्पीकर से
''भाइयो और बहनो संघर्ष हमारा नारा है''
चिल्लाता एक जुलूस गया
तथा माँ-बहिन की गाली से जन्मे लड़के ने
लाइन से बाहर आकर
जुलूस वालों को माँ-बहिन की गाली दी
तथा बहुत लंबी लाइन देखकर फिर
लाइन से बाहर ही खड़ा रहा
और केवल तथा यह राजनैतिक समाज नहीं।

## अपने हिस्से में लोग आकाश देखते हैं

अपने हिस्से में लोग आकाश देखते हैं
और पूरा आकाश देखे लेते हैं
सबके हिस्से का आकाश
पूरा आकाश है।
अपने हिस्से का चंद्रमा देखते हैं
और पूरा चंद्रमा देख लेते हैं
सबके हिस्से का चंद्रमा वही पूरा चंद्रमा है।
अपने हिस्से की जैसी-तैसी साँस सब पाते हैं
वह जो घर के बगीचे में बैठा हुआ
अखबार पढ़ रहा है
और वह भी जो बदबू और गंदगी के घेरे में जिंदा है।
सबके हिस्से की हवा वही हवा नहीं है।
अपने हिस्से की भूख के साथ
सब नहीं पाते अपने हिस्से का पूरा भात
बाजार में जो दिख रही है
तंदूर में बनती हुई रोटी
सबके हिस्से की बनती हुई रोटी नहीं है।
जो सबकी घड़ी में बज रहा है
वह सबके हिस्से का समय नहीं है।
इस समय।

# यद्यपि नहीं होना था

यद्यपि नहीं होना था।
शुरू में तो यद्यपि नहीं होना था
यद्यपि चावल खरीदने निकला की जगह
बिना यद्यपि के चावल खरीदने निकला होना था
जबकि यह शहर
वैसे बहुत शहर नहीं
जबकि कुछ लोग
रस्ते में मिलते हैं
जो एक दूसरे को जानते हैं
जबकि ज्यादा जान-पहचान होने के बाद भी
मैं अनाज उसी भाव से खरीदूँगा
जिस भाव से कोई
जैसे वह खरीदता है
जिसे मैं नहीं जानता
या वह जिसे कोई जानता है।
पच्चीस-तीस वर्षों से
उसी दुकानदार से सामान खरीद रहा हूँ
और पच्चीस-तीस वर्ष रहकर
इस बहुत शहर नहीं में
चावल और नमक खरीदते हुए
दुकानदार के सामने
निरुपाय

पच्चीस-तीस वर्षों का
आदिवासी हुआ हूँ।
यद्यपि
यद्यपि।

# ईश्वर अब अधिक है

ईश्वर अब अधिक है
सर्वत्र अधिक है
निराकार साकार अधिक
हरेक आदमी के पास बहुत अधिक है।
बहुत बँटने के बाद
बचा हुआ बहुत है।
अलग अलग लोगों के पास
अलग अलग अधिक बाकी है।
इस अधिकता में
मैं अपने खाली झोले को
और खाली करने के लिए
भय से झटकारता हूँ
जैसे कुछ निराकार झर जाता है।

## कितना बहुत है

कितना बहुत है
परंतु अतिरिक्त एक भी नहीं
एक पेड़ में कितनी सारी पत्तियाँ
अतिरिक्त एक पत्ती नहीं
एक कोंपल नहीं अतिरिक्त
एक नक्षत्र अनगिन होने के बाद।
अतिरिक्त नहीं है गंगा अकेली एक होने के बाद—
न उसका एक कलश गंगाजल,
बाढ़ से भरी एक ब्रम्हपुत्रा
न उसका एक अंजुलि जल
और इतना सारा एक आकाश
न उसकी एक छोटी अंतहीन झलक।
कितनी कमी है
तुम ही नहीं हो केवल बंधु
सब ही
परंतु अतिरिक्त एक बंधु नहीं।

## इस मैदानी इलाके में

इस मैदानी इलाके में इस साल भी
पहाड़ नहीं हैं
पहाड़ न जाने कबसे वहाँ हैं, जहाँ वे हैं।
उन्हें अब हटकर होना चाहिए
मसलन विंध्याचल, मोटर स्टैंड या कचहरी से सटकर
गाँव की पाठशाला या खेत के पीछे सतपूड़ा केवल।
हिमालय वहाँ ज्यादती है
जहाँ हिमालय नहीं है।
यह मैदान ज्यादती है
जहाँ मैदान नहीं है।
टाटानगर ज्यादती है
जहाँ टाटानगर नहीं है !
इस साल यह समतल विस्थापित हो हिमालय पर
तराई पर नहीं
चोटी पर इस मैदान का शिखर इलाका हो।
भोपाल हो अब की साल
बांकल, पनियाजोब के पास।
गंगा के किनारे से हटकर
काशी महानदी के पास।
गरियाबंद गंगा से,
चंडीगढ़ साँची से,
नांदगाँव से फरीदकोट,

और मद्रास से जुड़ा हो मुरादाबाद।
सब जगह इस तरह विस्थापित हो
सब जगह के पास
कि सब जगह हो सब जगह के पास
और अकाल, आतंक, दुकाल में अबकी साल
गाँव से एक भी विस्थापित न हो।

# बहुत पहले की बात है

बहुत पहले की बात है
सकुशल की जगह एक ग्राम था
वहाँ निवास की जगह एक घर
उर्वरा की जगह खेत
कल्पना की जगह आकाश
और आकाश की जगह कल्पना
मातृत्व की जगह एक तृप्त स्त्री
पितृत्व की जगह पौरुष-पुरुष
मनुष्यता की जगह मनुष्य
पर्वतीय की जगह कुछ पर्वत
और ऊँचाई की जगह कुछ पहाड़
तराई की जगह घास के मैदान में
बहाव की जगह एक नदी
किनारे की जगह समुद्र
हरियाली की जगह, पेड़, फल-फूल, वनस्पति, जंगल, जीव-जन्तु
निर्मिति की जगह सब कुछ था
तब बहुत पहले की एक बात है की जगह
बहुत पहले की बात नहीं थी
अभी एक बात है की जगह एक बात है
मिट्टी से काम करने वालों के लिए
अकेली पृथ्वी ही
पृथ्वी भर मिट्टी लेकर उपस्थित है
और मनुष्यता के लिए कोई भी
एक मनुष्य।

# सुबह है

सुबह है
जीवन पर्यंत की सुबह है
इस आजीवन सुबह के सुबह-सुबह में
उस बूढ़ी कोचनिन से भाजी ही खरीदना
जिससे मोल भाव नहीं करता मैं
जो पालक रुपया के दस जूड़ी कहती है
और गिनते समय बारह देती है।

मैं दो जूड़ी लेने से इनकार करता हूँ
कि दाई ज्यादा है
तो गुस्सा होकर
नहीं बेचना है कहकर
सब पालक वापस करने को कहती है।

हारकर ठगा हुआ
दस के बदले बारह जूड़ी लेता हूँ
दो दिन के दो सुबह उपराहा पाता हूँ
इसी उम्र में दो उम्र जीवन पाता हूँ।

## जीने की आदत

जीने की आदत पड़ गई है
जीवन को जीने की ऐसी आदत में
बरसात के दिन हैं यदि
तो जीने की आदत में बरसात होती है।
छाता भूल गया तो
जीवन जीने की आदत में
छाता भूल जाता हूँ
और भीग जाता हूँ।
जब बिजली कौंध जाती है
तब बिजली कौंध जाती है
आदतन जीना, उठना-बैठना, काम करना।
थोड़े-थोड़े भविष्य से
ढेर सारे अतीत इकट्ठा करता हूँ
बचा हुआ तब भी ढेर सारा भविष्य होता है
ऐसे में ईश्वर है कि नहीं की शंका में
कहता हूँ—मुझे अच्छा मनुष्य बना दो
सबको सुखी कर दो।
तदनुसार अपनी कोशिश में
पता नहीं कहाँ से
आदत से अधिक दुःख की बाढ़ आती है
जैसे पड़ोस में ही दुःख का बाँध टूट गया
और सुख का जो एक तिनका नहीं डूबता

दुःख से भरे चेहरे के भाव में
मुस्कुराहट सा तैर जाता है
न मुझे डूबने देता है
न पड़ोस को
और जब बिजली कौंध जाती है
तब बिजली कौंध जाती है
अँधेरे में बिजली कौंध जाने के उजाले में
सँभलकर एक कदम आगे रख देता हूँ।
जीवन जीने की ऐसी आदत में
जब मैं मर जाऊँगा
तब कोई कहेगा
शायद मरा नहीं
तब भी मैं मरा रहूँगा।
बरसात हो रही होगी
तो जीवन जीने की आदत में
बरसात हो रही होगी
और मैं मरने के बाद
जीवन जीने की आदत में
अपना छत्ता भूल जाऊँगा।

## बिन डूबी धरती

बिन डूबी धरती जहाँ समाप्त होती है
वहाँ एक डूबी हुई धरती शुरू होती है
धरती को डुबोया हुआ है समुद्र
समुद्र का किनारा वही है
जहाँ किनारे की धरती
डूबती निकलती है
जैसे डूबकी लगाती है स्नान करते हुए लोगों के साथ
मैं किनारे
अपने घुटने तक डूबी धरती पर खड़ा हूँ
एक तेज लहर अचानक आकर
मेरी छाती तक धरती को डुबो देती है
एक पूरे समुद्र जल में किनारे की डुबकी लगाती धरती के साथ
मैं स्नान करता हूँ।
मैं समुद्र के साम्राज्य से
एक शंख पाता हूँ
और बिन डूबी धरती पर खड़ा होकर
समुद्र का शंखनाद करता हूँ।

# इतिहास बीता हुआ है

इतिहास बीता हुआ है
खँडहर बीते हुए का कुछ
नहीं बीता है
ऐसे ही मजबूत खँडहर की तरह है
एक ऐतिहासिक किला जिसमें
नई गृहस्थी का
घर हुआ होता तो भी लगता
कुछ सुरक्षित रह सकता है रहना अब भी
उजाड़ने वाले लोगों से।

किसी तरह धरती पर अच्छे से रहने के लिए
करोड़ों वर्ष पुरानी कितनी खँडहर हुई धरती पर
करोड़ों वर्ष पुराने कितने खँडहर हुए आकाश के नीचे
झोंपड़ी की दीवाल को
हर बरसात के बाद
मिट्टी से छाबने का काम शुरू होता है
तो बरसात के पहले छानी छप्पर का,
यह धरती के खँडहर को छाबने का काम है
और आकाश के खँडहर को छाने का।

# अब पहुँच ही गए हैं

अब पहुँच ही गए हैं

भविष्य कितना निकट
कि ठीक अगला क्षण।
वर्तमान कितना अतीत
कि ठीक यही क्षण।

बहुत समीप के भविष्य
और बहुत समीप के अतीत को
इर्द-गिर्द लिये
रात में उपस्थित हूँ।

मेरा पुराना
घुन लगी लकड़ी की पेटी में
अतीत का विस्मृत कबाड़ है
और स्मृति में नया बहुत नया।

अब पहुँच ही गए हैं
इस समय रात्रि के आठ बजे होंगे
रुकने के लिए रात के समय में
एक जगह बनाना चाहता हूँ
परंतु समय इसे

यात्रा की रात बना देता है
और दिशा इसे अमावस।

न पहुँचने के अंत तक लगता है
कि अब पहुँच ही गए हैं
जैसे पहुँचने के अंत तक।

## अतीत को स्मरण

मैं अतीत को स्मरण करता हूँ
मैं भविष्य को स्मरण करता हूँ
क्या होने वाला है को
हो चुका की तरह
होता देखता हूँ
इस तरह भविष्य से
अतीत की तरफ
आने जाने वाले रस्ते पर
समय से दुर्घटनाग्रस्त होता हूँ
कि इस रस्ते पर सिर झुकाए जा रही
तीस वर्ष की वह लड़की
चालीस वर्ष की है
और उसका ब्याह नहीं हुआ।
तीन लड़के जो स्कूल जा रहे हैं
उनकी पढ़ाई पूरी हुए
कई बरस बीत गए
और किसी को काम नहीं मिला के आखिर में
हत्या करने का उनको काम मिला।

वह जो पहाड़ दिख रहा है
स्मरण करता हूँ नहीं है
यह जो नदी बह रही है

याद आती है सूख गई।
एक हवा आती है
और चट्टानी शाश्वत की धूल उड़ती है।
तपते मरुस्थल में
एक हरी पत्ती मिलने का आश्चर्य मिलता है
तो पत्ती के सूख जाने के बाद भी
सारा जीवन उस हरी पत्ती के आश्चर्य से चकित
सूखी पत्ती को बल्कि हरी पत्ती के आश्चर्य को
सहेजे समय से बुरी तरह दुर्घटनाग्रस्त होकर
आज अभी की भाषा में बोलते हुए
भविष्य वक्ताओं की भीड़ से दबकर
भाषाविहीन मेरी चीख निकलती है
कभी धर्म और जाति के
राजनैतिक, अराजनैतिक जुलूस से दबकर
धर्मविहीन, जातिविहीन चीख चीखता हूँ।

मेरी चीख अवाक् होती है
जब भविष्य सी मरी हुई
एक छोटी सी लड़की को
पीछे के दरवाजे से
घर से बचाकर बाहर निकालते हुए
एक डरी हुई माँ को देखता हूँ
तो अवाक् चीख रोकता हूँ
कि कोई सुन न ले।
आसपास सभी घरों में
लड़कों के पिता बनने वाले पिता हैं
अजन्मी लड़कियों को
कोख में मार डालने वाले हत्यारे पिता।
अपने बेटों के ब्याह की फिराक में
ये निकलते हैं
तो मैं इनसे कुचला जाता हुआ

एक लड़की के पिता की चीख चीखता हूँ
दो लड़की के पिता की चीख बहुत दर्दनाक चीखता हूँ।

बेहोश होकर की नींद है
जागरण की तरह जो सच है
वह दुःख की तरह का जागरण है
ऐसे में कभी एक दिन की तरह होगा—
होता है का दिन है
चालीस वर्ष की, सिर उठाये अभी-अभी ब्याह कर
आती हुई लड़की के बालों में
मोंगरे का गजरा बँधा है
उसने हल्का सा पाउडर लगाया है
जो अच्छा लगता है
जाते हुए वह मुझे अपने पिता की तरह उठाती है
मैं उसके पिता की तरह उठता हूँ
और भविष्य सोचने के आम मौके पर जाकर
खड़ा हो जाता हूँ।

## रहने के प्रसंग में कहीं एक घर था

रहने के प्रसंग में कहीं एक घर था
उसी तरह प्यास के प्रसंग में उसमें
एक छोटे घड़े में पानी भरा था
बहुत दिन से बचा था के कारण
घड़ा पुराना हो चुका था
पता नहीं क्या था के कारण
कुछ था जो याद नहीं आ रहा था
जो याद आ रहा था वह इतना था
कि उसके प्रसंग भी बहुत थे
आसपास था, दूर था
बीते हुए रात दिन का समय हो चुका था
बीतने वाले रात दिन का समय था
सब तरफ जीवन था
संसार के प्रसंग में घड़ा छोटा था
कोई किसी के घर पानी पीने आ सकता है
इसलिए छोटे घड़े के बदले
बड़े घड़े होने का एक प्रसंग था।

## जब बात यहीं समाप्त नहीं होती

जब बात यहीं समाप्त नहीं होती
तब कुछ कहना यहीं बचा होता है
तब वह कह रहा होता है
और बाकी चुप नहीं होते
तब वह चुप और शांत होता है
तब केवल उसके सिवाय
सब कह रहे होते हैं
तब उसके सिवाय सब अशांत होते हैं–
सब कह रहे हों !
अकेला एक सुन रहा हो !!

जो सब कह रहे थे
वे सब बुद्ध नहीं थे
जो अकेला एक सुन रहा था
वही बुद्ध था।

## तथा आश्चर्य

तथा आश्चर्य है,
तथागत आश्चर्य
कि केवल एक
एक सच कह रहा था।
वह सच-सच बता रहा था
और उसका सच सब सुन रहे थे।
ऐसा कोई नहीं था
जो उसका सच न सुन रहा हो।
पता नहीं वह कौन था ?
जो सुन रहे थे
उनकी भीड़ लगी थी
और वे सबके सब बुद्ध थे,
बड़े-बूढ़े, स्त्री-पुरुष
और बच्चे भी–
बच्चे भी सिद्धार्थ नहीं थे
बुद्ध थे।

# स्थिरता यदि पहाड़ न हो

स्थिरता यदि पहाड़ न हो
तो पहाड़ वहाँ नहीं दिखते
और हमारे दिखने में
ऊँची उड़ान भरते किसी पक्षी का नाम
पहाड़ हो चुका होता।
फॉसिल हो चुकी उड़ान है यह पहाड़
आकाश की ओर
जो पंख ने भरे थे।
जिनके पंख नहीं
वही मैं हूँ पैदल-पैदल
उड़ान की स्थिर ऊँचाइयों
और ऊबड़-खाबड़ में
चढ़ रहा होता हूँ,
उड़ान पर डग भरता हूँ।

पहाड़ पर शिखर तक एक डगर है
डग भरते हुए मुझे लगता है—
मैं उड़ते हुए एक पक्षी के
पीछे-पीछे जा रहा हूँ।
पक्षी ! मैं तुम्हारे पीछे हूँ !!

# एक अप्रत्याशित दिन में

एक अप्रत्याशित दिन में
प्रत्याशित दिनचर्या
पूर्वज दिनों की।
पूर्वज दिन होने को
यह दिन भी बीत रहा।

आगामी दिन
अब इतने निकट हैं
कि मैं वहाँ से
मुझे पुकारा गया को
स्पष्ट सुनता हूँ
पितामह ! मातामह !!

आज के दिन के मध्याह्न से
आज का प्रातः पूर्वज हुआ।
संध्या छः बजे
आज का पाँच बजे पूर्वज हुआ।

लगातार पूर्वज होने के समय में
पितामह ! परपितामह !!
पुकारने वाले दिन को
पा लेने
मैं आगामी दिनों में
शीघ्रता से प्रवेश करता हूँ।

# मनुष्य सभ्य है

मनुष्य सभ्य है
इसलिए हो सकता है
घर में रखे हिमालय की तस्वीर के कारण
हिमालय सभ्य है
हवा, पक्षी, आकाश सभ्य हैं।
युगों का हिमालय युग से
विस्थापित होकर
आज के दिन आजकल इस तरह है
कि चित्र में शरणार्थियों के टेंट का आकार
त्रिभुज जैसा लगता है
और त्रिभुज का शीर्ष एवरेस्ट है।
हमारे समय में इसी में हिमालय रहता है।–
या समय पर ही
हिमालय की श्रेणियों की शृंखला है
जो युगों से शुरू होकर
इन दिनों आज तक आगे के दिनों तक है
कि हिमालय से समय विस्थापित हुआ है
और हिमालय के
किसी एक कोने के शरणस्थल पर
समय बसा है
और वही हिमालय ! हिमालय !
वैसा ही वही !!

एक छोटी गौरय्या वही
वही नीम का पेड़ वही।
समय उनका है
उनके समय में आना और जाना है।
उस लड़की का नाम चिड़िया है
उस लड़के का नाम शाश्वत
और घर के सामने कैलाश रहता है।

## —से संबोधित

—से संबोधित
इससे, उससे, सबसे
एक एकालाप अपने से
कि मैं संसक्त हूँ।
मेरा अनुषंग संसार का अनुषंग है।
दिनों का अनुषंग,
सबके सूर्योदय, सूर्यास्तों के अनुषंग से बना है।
इतने सूर्योदयों को पाकर भी
कल के सूर्योदय से
पाँच मिनट की सुबह को बचाकर
आज की सुबह को पाँच मिनट यद्यपि
नहीं बढ़ा पाया—
समय की समाप्ति के पश्चात
कुछ समकालीन बचा रहता है जानकर
कालखंड की पेटी में यद्यपि
कुछ बचा नहीं पाया
आज के दिन अभी बीते हुए सूर्योदय में
बीता हुआ
बहुत बीता हुआ नहीं
गया बीता बिलकुल नहीं
नहा-धोकर तैयार
कि आमीन के तुक में समकालीन
या समकालीन के तुक में आमीन।

# जलप्रपात है समीप

जलप्रपात है समीप
जल बिंदु के साथ
हवा का झोंका आ रहा है।
जलप्रपात अपनी जलप्रपात ध्वनि से
सब ध्वनियों को निस्तब्ध कर रहा है।
वहाँ जाने के पहले
जो कुछ कहना सुनना है
कह सुन लिया गया
कि जलप्रपात के पास
केवल जलप्रपात ध्वनि को सुना जाता है
इस भाषा को पुरखे सुन चुके होते हैं
और पीढ़ियाँ सुनने वाली होती हैं
अलावा कुछ भी सुनाई नहीं देता।
तब भी प्रपात के पास
पेड़ की पत्ती से इकट्ठी हुई बूँद—
के टपकने की आवाज होती होगी।
चिड़िया चहचहाती है
जिसकी चहचहाहट सुनाई नहीं देती
और चिड़िया के बच्चे जवाब दे रहे होते हैं।
एक गीली काली चट्टान के
नीचे से निकलकर एक कीड़ा भी
बोल रहा होगा
सब अपनी आवाज बोल रहे होते हैं
वहाँ मैं कोरस गाता हूँ।

# बोने को चार बीज

बोने को चार बीज हैं धान के
जाते जाते झरकर बच गए देहरी में
जैसे स्वयं बचे ये बीज
सबकी नजर बचाकर।
पर बचा नहीं अबकी बार
खेत का अंतिम टुकड़ा
किसान होना भी उसका नहीं बचा
वह बिना खेत का।
बचा रह गया मोह
खेत के अंतिम टुकड़े का।
बिन बोये ये चार बीज
कभी अंकुरित नहीं हुए
बिन बोये इन बीजों का
कोई अर्थ भी अंकुरित नहीं हुआ।
अर्थ अंकुरित होने का भी
जैसे अंतिम टुकड़ा खेत का नहीं बचा।
फिर भी बचा रह गया मोह
अर्थ अंकुरित होने वाले
खेत के अंतिम टुकड़े का।

## मुरमी जमीन है सब तरफ

मुरमी जमीन है सब तरफ
एक चुंबक का टुकड़ा
धरती पर गिर जाए तो
लोहा मिले मुरम के छोटे-छोटे टुकड़े
चुंबक में चिपके दिखते हैं
धरती में लोहा है।
तेज हवा में, धागे से चुंबक लटकाकर रखो
धूल जैसे लोहे के बारीक कण
चुंबक में चिपके दिखलाई देते हैं
हवा में लोहा है
लोहे की धूल-गर्द उड़ती है।
घरों में छानी-छप्पर में
आँगन में
किताबों कपड़ों में भी
उसी की गर्द होती है।
बहुत धूल होती है—
किसी भी तालाब के पानी-जल से नहा लें
उसमें भी लोहा होता है,
घिस-घिसकर, रगड़-रगड़ जंगरहित
और धारदार।

# उस अधूरे बने मकान के पीछे

उस अधूरे बने मकान के पीछे एक प्राचीन बड़ा मंदिर है
पान की दुकान से सटा हुआ एक मंदिर है
झोंपड़ियों के बीच लाइन से तीन मंदिर हैं
वैसे ही टूटे-फूटे दो मंदिर और देखता हूँ
सड़क के किनारे का मंदिर
आधा धँसा हुआ है
उसके बाद एक बावड़ी है।
जहाँ मूँगफली वाला बैठा हुआ है
वहाँ दीवाल से टिकाई हुई विष्णु की मूर्ति है
जहाँ डाब बेचने वाली बुढ़िया बैठी हुई है
उसके पास की चट्टान में ब्राह्मी लिपि खुदी हुई है
हिलते डुलते पेड़ की झुरमुटों की आड़ से
कोई टूटा-फूटा मंदिर इस तरह दिख जाता है
कि पहले किसी को नहीं दिखा है।
जगह-जगह इतना प्राचीन है
कि घूमते-घूमते थक चुका हूँ
अँधेरा हुआ
आठवीं शताब्दी के अँधेरे की तरह
मुझे लगता है वही चाय की दुकान होगी
उसके पुराने जर्जर दरवाजे को खटखटाता हूँ
दरवाजा खुलता है

यह दरवाजा भी मंदिर का है
एक गरीब छोटी लड़की
ढिबरी लिये खड़ी है
यह एक छोटा सा बहुत गरीब शिव का घर है।

# इस बियाबान उजाड़ मैदान में

इस बियाबान उजाड़ मैदान में
कभी नगर बसा हुआ हो
अब खँडहर भी नहीं, कुछ नहीं
छाया के लिए पेड़ नहीं
पेड़ की ऐसी सूखी पत्ती नहीं
जो दूर से उड़ कर आई हो
दूब है दूब की छाया है।
दूब की छाया में एक दुबका हुआ कीड़ा है
यह एक ऐसा ऐतिहासिक स्थान है
जहाँ किसी खंडित मूर्ति के माथे के बल का एक रेत कण
किसी कीड़े के घर रखा हुआ हो सकता है
तो दूसरे कीड़े के घर
विशाल प्रस्तर स्तंभ का एक रेत कण
चूर-चूर हुए मंदिर की एक चुटकी ढेरी
मृत देह की धूल पर
हमारी कल खाई हुई रोटी का अवशेष–
अभी कोई कीड़ा मुझसे भी परिचित हो रहा होगा
जान रहा होगा कोई सूक्ष्म जीव
पर मैं यहाँ बसा हुआ नहीं हूँ
जहाँ बसा हूँ
वहाँ भी कीड़ों का जीव जगत है।

## पिंजड़े में

पिंजड़े में
लिपिक ! लिपिक !!
बोलने वाला तोता
साहब के घर में था।

बहुत प्राचीन पक्षी लिपि है
सांध्य आकाश में पक्षियों की पंक्ति
संदर्भ लौटने का, वाक्य है
यह विषय भी लौटने का इतना है
कि वाक्य भी लौटता है।
अपने कार्यालय की खिड़की से
उन उड़ते हुए पक्षियों से
मैंने कहा आभार।

आभार पक्षियों की ओर उड़ गया
पहले एक मेरा आभार था
और बाकी सब सारस थे
फिर उसका भी आभार था
और सब सारस थे।

# एक प्रवासी आया है

एक प्रवासी आया है।

यह प्रदेश यहाँ बसा हुआ
एक नदी बसी हुई
बसी हुई नदी में प्रवासी ने स्नान किया।

बसे हुए पर्वत से मित्रता की
जो दूर से दिखने लगा था
और पहुँचने के पहले साथ हुआ।

इस पर्वत में किसी की राह देखने की ऊँचाई है
कि आने वाला दूर से दिखाई देता है।
इस बसे हुए पर्वत में
दूर तक जाता हुआ देखने की ऊँचाई भी।

एक प्रवासी
जगह-जगह के आकाश को लौटाता
यहाँ के बसे आकाश को
यहाँ लौटाने आया है।

एक जन लौटने का प्रवासी
लौट आया
और बिना रुके जा रहा है।

# कुछ काला बैंगनी

कुछ काला बैंगनी
गुलाबी नीला
धूप छाँव के एक टुकड़े में
लंबी चोंच थी
वह स्थिर बैठा हुआ पक्षी था।

इन्द्रधनुष के एक छोटे टुकड़े पर पंख थे
ऐसा एक पक्षी उड़ते हुए आकर बैठ गया था।
धीरे-धीरे बरसात हो रही थी
और डूबता हुआ सूरज था
इस दृश्य के चिड़िया इतने टुकड़े में
एक चोंच थी
ऐसा एक पक्षी बैठ रहा था।

एक बहुत बड़ा तालाब था
न मालूम उसमें कितनी मछलियाँ तैर रही थीं
इस दृश्य के एक छोटे टुकड़े में
केवल एक मछली तैर रही थी।

अचानक पानी का गिरना बन्द हो जाता है
मैं भीगते हुए से बचने के लिए जैसे
बिना बरसात के दृश्य में आ जाता हूँ।

## तथा मैं परोक्ष हूँ

तथा मैं परोक्ष हूँ—
मैं तुमसे कहूँगा।

मेरे कहे को नहीं
कहे की प्रतिध्वनि
तुम्हें सुनाई देगी।

तुम मुझसे कहोगे ! और
तुम्हारे कहे को नहीं
उसकी प्रतिध्वनि सुनाई देगी।

कविता—मैंने अपने से कहा।
जो सुनाई देती है वह प्रतिध्वनि है
जिसे मैंने अपने से कहा।

# —भी प्रतिध्वनि

—भी प्रतिध्वनि
यह भी।

प्रतिध्वनि बोलता हुआ
वह मनुष्य गया
प्रतिध्वनि बोलते हुए कुछ लोग
प्रतिध्वनियों का कोलाहल है
प्रतिध्वनि में बातचीत करते
दोनों बैठे रहे
फिर चुपचाप की प्रतिध्वनि
चुपचाप ही।

कोई दरवाजा खटखटाने की प्रतिध्वनि
मेरा दरवाजा खटखटाती है
कोई आया है सोचकर
दरवाजा खोलता हूँ,
तो एक परोक्ष उपस्थित है
एक परोक्ष अतिथि।

## केवल बहुत सन्नाटा

केवल बहुत सन्नाटा
कि झींगुर की
एक ही आवाज की
प्रतिध्वनि की प्रतिध्वनि
की लगातार ध्वनि सुनाई देती है।

केवल गहरा अँधेरा
अँधेरे की प्रतिछाया की काली प्रतिछाया
से गहराते अँधेरे से भरे
कुएँ के तल में
मेरी परछाईं की काली छाया पड़ी हुई।

सब गहन काला गहराया है
जागकर देखती आँखें
नींद में जो स्वप्न देखती हैं
यह देखना
देखने का अतिरिक्त है।
स्वप्न के अतिरिक्त घर-संसार में
मेरा अतिरिक्त
मेरी पत्नी के अतिरिक्त के साथ
अतिरिक्त सुख-दुःख पाता है

•

अतिरिक्त दुःख कुछ अधिक
कि जाग जाता हूँ
मेरे जागने का यह अतिरिक्त
जाग जाता हूँ।

# आकाश अंतरिक्ष का रस्ता है हमारी ओर

आकाश अंतरिक्ष का रस्ता है हमारी ओर
यहीं से प्रथम छोर पर अनंत दिखता है
कि अंतिम छोर पर भी अनंत है
यह आकाश बतलाता है
कि हम जहाँ रहते हैं वह संसार है
हमारी कल्पना में कुछ भी बाकी नहीं
जो कुछ बाकी है आकाश में है
यदि मैं कल्पना की जगह से
कल्पना को हटाता हूँ
तो वहाँ आकाश को पाता हूँ
बहुत पास और चमकदार।
यदि खिड़की से काँच की धूल को साफ करने से आकाश साफ दिखता है
तो खिड़की खोलकर अंतरिक्ष झाँकता हूँ।

कुछ दिनों से मैं कल्पना का काम आकाश से लेने लगा हूँ।

## —कि कुछ दिनों तक

—कि कुछ दिनों तक
मैं उसे अच्छा आदमी समझता रहा
बल्कि काफी दिनों तक
और काफी दिनों के बाद भी
अच्छा आदमी समझता रहा
हर बार समझा
बार-बार शुरू से आखिर तक।

अधिकतर लोगों ने उसे बुरा कहा
न्यायपालिका ने बल्कि हत्यारा भी
जितना मुझे उस आदमी के अच्छे होने पर विश्वास था
उतना सत्ता और सर्वोच्च न्यायपालिका पर कभी नहीं था।

वह एक गरीब आदमी था।

## दुनिया में अच्छे लोगों की कमी नहीं है

दुनिया में अच्छे लोगों की कमी नहीं है
कहकर मैं अपने घर से चला।
यहाँ पहुँचते तक
जगह-जगह मैंने यही कहा
और यहाँ कहता हूँ
कि दुनिया में अच्छे लोगों की कमी नहीं है।
जहाँ पहुँचता हूँ
वहाँ से चला जाता हूँ।

दुनिया में अच्छे लोगों की कमी नहीं है–
बार-बार यही कह रहा हूँ
और कितना समय बीत गया है
लौटकर मैं घर नहीं
घर-घर पहुँचना चाहता हूँ
और चला जाता हूँ।

## हजार वर्ष पुराना है कटक

हजार वर्ष पुराना है कटक
कटक को कैसे देखूँ कि वह मुझे हजार वर्ष से
बसा हुआ दिखे
कोई अवशेष हजार वर्ष पुराना
कोई उजाड़ हजार वर्ष मैं देखना नहीं चाहता।
महानदी और कठजोड़ी के बीच
बसे हुए को देखता हूँ
कि हजार वर्ष से बह रहा है इन नदियों का जल
हजार वर्ष के आकाश को इस समय का आकाश
हजार वर्षों की आज की रात्रि में एक स्वप्न
कि कटक बसने की पहली रात्रि में
एक निवासी स्वप्न देख रहा है
उसके स्वप्न में मैं हूँ
और मेरे स्वप्न में वह।

# इतिहास की एक नदी को

इतिहास की एक नदी को
एक बिछुड़े लोगों के शहर के किनारे
मैंने पाया कि गंगा है
गंगा नदी का अवशेष, जल-खँडहर।

बाढ़ आई होगी के बाद
बिछुड़े लोगों के एक शहर में
मिल जाने वाले रास्ते
खो जाने वाले रास्ते हैं।
बिछुड़ों को ढूँढ़ने
मैं इन्हीं खो जाने वाले रास्तों में हूँ
जो नहीं मिले थे
उनको पाने
स्वयं अपने नहीं मिलने में
चला जा रहा हूँ।
इधर-उधर की गलियों में
अपने मिल जाने का समय बिताकर
अपने खो जाने का समय बिताता
जा रहा हूँ।

इस समय चिल्लाकर मैं कह रहा हूँ
कि उस समय तक सुनाई दे
'मुझे ढूँढ़ना मत।'

# कोई नहीं है का अंतहीन एकांत है

कोई नहीं है का अंतहीन एकांत है
आसपास कुछ अंतहीन में भी नहीं कोई
बहुत अंतहीन में भी नहीं।
दूर तक का बाहर
मेरे अंदर के पहिरावन से कभी ढँका था
चीथड़े होकर अब उतर गया है।

इस साफ दिख रही क्षितिज रेखा को
धागे की तरह लपेटकर
एक गोला बनाने की उधेड़बुन सा करता खुले में खड़ा हूँ
कि फटेहाल मनुष्यता को सीने
भ्रम का यह धागा कम न पड़े का भ्रम होता है।

पृथ्वी पर बस एक फेरा लिपटा क्षितिज धागा
कई फेरे लिपटा होता तो विस्तार की नग्नता को ढँके का जाने का भ्रम
पुख़्ता हुआ होता।
तभी सांध्य-सूर्य को पृथ्वी समझकर
मंत्र की तरह बड़बड़ाता हूँ
कि पृथ्वी, कोसाफल की तरह हो
और क्षितिज-रेखा को रेशमी धागे की तरह पकड़ कर
कि एक रेशमी किरण जैसे
एक बहुत बूढ़ा बुनकर
रेशम बुनने की तैयारी कर रहा हो।
हाथ-करघा है।

# पलट कर देखा

पलट कर देखा कि घर की दिशा की रात में
उज्वलित हुआ-सा उज्वल
आड़ से झलका था।
चकाचौंध से हुई चमक से अँधेरे में
सब कुछ नहीं दिखा सा दिखा—
बिजली, घर की दिशा के दरवाजे की आड़ से चमकी थी।
घर की दिशा के अंदर आकाश में
मेघ घिर आये थे।
क्षितिज की देहरी थी।
लौटना बहुत दूर से था,
जब लौटना शुरू किया।
अनगिनत सूर्यों के अस्त की दिशा से
अनगिनत सूर्यों के उदय की दिशा की ओर लौटता हूँ।

# आम का पेड़

आम का पेड़ उस जगह निष्प्रयोजन था
परंतु आम का पेड़ होने से प्रयोजन था
घोंसला था
गिलहरी शाखों की गलियों में
आते-जाते दिखती थी
कोई योजना नहीं थी
और बहुत कुछ था–
पेड़ पर ऋतुएँ होतीं
ग्रीष्म, पतझड़ होती
धूप होती और छाया
वह एक ऐसी जगह थी
जहाँ किसी भी दिन
मेरा आना निष्प्रयोजन था
परंतु आम का पेड़ होने से
मेरा वहाँ पहली बार का आना
आये दिन का
पहला दिन हुआ था।

# रात को याद करता हूँ

रात को याद करता हूँ
ताकि मैं उसे
शब्दशः दुहरा सकूँ–
अँधेरे को एक और अँधेरे में
अनगिनत तारों को
अनगिनत तारों में और
बार-बार तारों के अनगिनत में।

दबोचे जाने को
दबोचे जाने में शब्दशः
छटपटाहट को
बिल्ली के मुँह में दबे
पक्षी के पंख की फड़फड़ाहट से,

अथवा मेरी शब्दहीनता में
मेरी छटपटाहट को
ध्वनिशः वह पक्षी फड़फड़ाता होगा

शब्दहीनता में
किसी भी कविता के पहले
मैं मुक्ति को
मुक्तियों में दुहराता हूँ ध्वनिशः
जो झुंड में उड़ जाता है।

## छाता लेकर काम पर

मैं छाता लेकर काम पर जाता हूँ।
बहुत तेज धूप है
बरसात के लिए बादल नहीं
छाया के लिए भी बादल नहीं
धूप से बचने के लिए
मैं छाता लेकर काम से जाता हूँ।
छत्ते की छाया की मेरी बदली
अपनी इस बदली के छाते को लेकर जाता हूँ।
बहुत भुलक्कड़ हूँ
किसी पेड़, ऊँची चट्टान, किसी घर की दीवाल,
दरवाजे, देहरी की छाया में
अपने छाते को
बार-बार भूल आता हूँ
अपरिचित, परिचित, आत्मीय, किसी छाया में
अपना भूला छाता पा लेना चाहता हूँ, और
पाता जाता हूँ।

## बाजार से खरीदी गई है

बाजार से खरीदी गई है यह टँगी हुई रंगीन तस्वीर
सुंदर गोल-मटोल बच्चों की—
कि अपने घर के बच्चे इतने सुंदर नहीं होते,
वैसे जूते-कपड़े
और इतने स्वस्थ, गोल-मटोल भी नहीं होते।

बहुत बिकती हैं
इसी तरह बच्चों की तस्वीरें
इसे खरीद लेने का मन
पिता के मन जैसा
किसी का भी हो जाता है
घर-घर अब तो आम हुआ है।

दरअसल अपने-अपने बच्चों की
गुमसुम सब तरफ चिंता है।

## साधारण

साधारण
किसी एक छोटी बच्ची का पिटना
और उसका हाथ टूट जाना

साधारणतः
कुछ लोग जा रहे थे
एक की साइकिल पंक्चर हो जाती है
वह रुककर पंक्चर सुधरवाने लगता है
और साथ के लोग साथ देने रुक जाते हैं।

दफ्तर में छः बजे छुट्टी होती है
जो सात बजे हुई साधारण
सबके साथ घर जाने को बस के लिए खड़ी—
दफ्तर की लड़की को अचानक
चार गुंडे आकर जबर्दस्ती ले जाने लगे
तभी बस आई
बस में बैठे लोग यह देख रहे थे
तब दफ्तर के लोग भी उसी बस में बैठ गए
साधारण।

चलती बस में खिड़की के पास बैठे
दफ्तर के एक आदमी का घड़ी में
आठ बजकर दस मिनट को देखना
साधारणतः।

## प्रवास के पहले

प्रवास के पहले सोचता हूँ
कि निवास करता हूँ।
आकाश को देखता हूँ
आँगन को प्रणाम करता हूँ।
धरती को देखता हूँ
और घर के कोने को प्रणाम करता हूँ।
घर के आगे पिछवाड़े
छानी-छप्पर, आले, बल्ली को
घर के इस पार उस पार को
खुली खिड़की-दरवाजे को
दिन और रात को
लोगों को प्रणाम करता हूँ
कि निवासियो ! प्रणाम करता हूँ।

## कितना सारा गंतव्य

कितना सारा गंतव्य
निकल पड़े का जीवन
बल्कि कितनी जगहें, लोग, दूर-दूर की दूरी
दूर-दूर का पास-पड़ोस।

पाँच जगह नहीं होने के
मेरे पाँच एकांत।
पाँच जगह होने के
मेरे पाँच गंतव्य।
बल्कि कई जगह नहीं होने की
मेरे एकांत की भीड़।

इन एकांतों की भीड़ के आगे
गंतव्यों की भीड़
बल्कि गंतव्यों का जुलूस
बल्कि इसके पीछे
अकेला पीछे।

बल्कि एक जगह होने के एक एकांत से
जगह-जगह होते जाने का पंख पसार
बल्कि बाँह पसार।

*‘अपने-तुपने में
फिर तुपने में बहता
जल की बड़ी बूँद तालाब’*

# दो

# यहाँ तक आने की दूरी को

यहाँ तक आने की दूरी को
पारकर नहीं, समेट आया
छोड़कर नहीं, साथ लिये
लौटकर जाने, पीछे कुछ छूटा नहीं
एक कदम के लायक भी नहीं
वहाँ मेरा अनदेखा कुछ नहीं बचा
और यहाँ दर्शनार्थियों की भीड़ में शामिल।
इस भीड़ में उसके दिख जाने में रहना चाहता हूँ
उसके दिखने में अपने दिखने से आत्मसात।

मैं अलख देखना चाहता हूँ–
उसके होने में अपने को भस्म कर डालने का
माथे पर प्रेम का भभूत लगाए।

# दर्शन के स्थान पर भीड़ लगी है

दर्शन के स्थान पर भीड़ लगी है
मेरा दिखना उसके दर्शन को
ढूँढ़ता है।

उसके दर्शन में
मैं अपने दिखने से
आत्मसात होना चाहता हूँ।
अपने होने से
समा जाना चाहता हूँ
उसके होने में।

मैं सम्मुख हो जाना चाहता हूँ
उसी के होने के एकांत में
अपने को भस्म कर डालने का
माथे पर प्रेम का भभूत लगाए।

# पानी को

पानी को
पानी की गठरी में बाँध दिया
कपड़े को कपड़े की गठरी में
पानी की गठरी है तालाब
कमल गठानें हैं।

खिले-खुले अधखुले कमल से
अपने-अपने में बहता पानी
अपने-तुपने में
फिर तुपने में बहता
जल की बड़ी बूँद तालाब
जल को पानी की गठरी में बाँध दिया।

उससे यहीं मिलने का निश्चय।

उससे यहीं मिलने के निश्चय को
यहीं मिलने के निश्चय में
बाँध दिया।

# तुम खड़ी क्यों हो

'तुम खड़ी क्यों हो
बैठ जाओ।'

'नहीं अब मैं चलूँगी।'
यह सुनते ही
जाने को कब से उद्धत यह पहाड़ है
जिसकी चोटी पर
एक घर मंदिर है
और एक देवी स्त्री।
वह जा रही मूर्ति थी।

वह पत्थर की तरह कठोर नहीं थी।

उसके चले जाने के समय से
जाने को उद्धत यह पहाड़
किसी एक दिन से
उसके आने की प्रतीक्षा में
उद्धत पहाड़ है।

# कि नहीं होने को

कि नहीं होने को
टकटकी बाँधकर देखता हूँ
आकाश में
चंद्रमा देखने के लिए
चंद्रमा के नहीं होने को।

कब से नहीं होने को
कब से टकटकी बाँधकर।

चले जाने के इस शून्य से
कभी लौटकर आ जाने के–
तब तक के उस शून्य को।

साथ न होने के इस सत्य से
साथ हो जाने की उस कल्पना तक
उसके दिख जाने के खोये को
टकटकी बाँधकर ढूँढ़ता हूँ।

कि मेरे इस एकटक के पिंजड़े में
उसका नहीं दिखना
पंख फड़फड़ाता है
और पिंजड़े से निकलकर

उड़ता हुआ
उसी तरफ जाता है
जिस तरफ उसका दिखना उड़ता हुआ
ओझल होता है।

# उसने उसके स्पर्श का

उसने उसके स्पर्श का अनुमान लगाना चाहा
लगा कि अनुमान में स्पर्श का गुण आ रहा है
उसने अनुमान लगाया अग्नि
वह थोड़ा जल गया।
उसने अनुमान लगाया जल
वह थोड़ा भीग कर डूब गया।
उसने धूप का अनुमान लगाया
और उसने छुआ कि सूर्य को ढँके हुए बादल
हट गये हैं।
उसने अंतरिक्ष का अनुमान लगाकर
ऐसा गहरा स्पर्श किया
कि नक्षत्रों की बाढ़ में
वह थोड़ा डूबकर भीग गया।

जब उसने उसके स्पर्श का अनुमान लगाना चाहा
तब वह उसके स्पर्श का अनुमान
ठीक-ठीक नहीं लगा सका।

# इस छुआ-छुआइल के खेल में

इस छुआ-छुआइल के खेल में
मैंने देख लिया उसे
कि सामने दूर वह
बरसात के दिनों का वही दृश्य है,
कि धान के आखिरी खेतों के बाद
वहाँ पेड़ों का झुंड है
मेंड़ में कांस के फूल की
टेढ़ी-मेढ़ी सफेद लकीर स्थिर है
परंतु हवा वहाँ चल रही है
ध्यान से देखने पर पेड़ हिलते-डुलते दिखाई देते हैं
लेकिन उनकी आवाज मुझे सुनाई नहीं देती
उस जगह की एक भी आवाज सुनाई नहीं देती
मूक चुपचाप वह
दूर चला गया दूर का दृश्य है।

इस छुआ-छुआइल के खेल में
मुझे मालूम है मेरे पीछे भी
इसी तरह का एक दृश्य है
बहुत दूर एक हरे टीले के साथ
वह इस तरह है
जैसे मुझे मालूम नहीं
कि वह पीछे है।

छुआ-छुआइल में
मुझे लगता है कि मैं चौकन्ना हो गया हूँ
कि पीछे की सबसे अधिक दूरी
मुझे छूने के करीब आ रही है
अगर मैं मुड़ा तो पीछे की सबसे अधिक दूरी
सबसे अधिक दूर चली जाएगी।
मैं मुड़ा और
पीछे की सबसे अधिक दूरी
सबसे अधिक दूर चली गई।

# आदिम रंग

आदिम रंग आदिम मनुष्य ने क्या देखा था—
वह पहला पुरुष
कि सूर्योदय या सूर्यास्त का गगन रंग
कि धरती हरी-भरी से उड़ते
हरे तोते की टें टें में
उड़ता हरा रंग
चोंच के लाल रंग में
दबा हुआ जंगली फल का रंग पका हुआ
मीठा सरस।—

सूर्यास्त के रंग को पोंछकर दृष्टि से
दृष्टि बंद कर
गहरे काले रंग के
विराट पृथ्वी अंधकार की रात्रि में
वह सो रहा था।—

पृथ्वी अंधकार में
पहला पुरुष अकेला नहीं था
न पहली स्त्री
सूर्योदय का रंग अंधकार में
दोनों के साथ होने से बन रहा था।

# एक झोंपड़ी का घोंटुल था

एक झोंपड़ी का घोंटुल था।
सल्फी का पेड़
बहक कर घोंटुल से दूर उगा था।
उसमें चिड़िया का घोंसला घोंटुल था।
युगल तारों से भरा जंगल का आकाश घोंटुल आकाश था।
चंद्रमा उड़ता हुआ वहाँ उगा था,
और चाँदनी की उड़ान
फैल गई थी।

पलाश के पेड़ की शाखा पर
एक अकेला पक्षी बैठा था।
महुआ के पेड़ की शाखा पर
एक अकेली चिड़िया बैठी थी।
रात्रिवास के आदिवासी पक्षी
तुम्हारी चिड़िया कहाँ है पक्षी
रात्रिवास की आदिवासी चिड़िया
तुम्हारा पक्षी कहाँ है चिड़िया।

अंतरिक्ष की शाखा पर घोंसले की तरह लटकी पृथ्वी में
एक चिड़िया अंडे से रही थी।
संसार के होने में संसार घोंटुल था।

# वृक्ष नृत्य में है आदिमन

वृक्ष नृत्य में है आदिमन
घोर हरे के घने में
तुरही के वाद्य स्वरों से घिरे
एक वृक्ष की तरह
वृक्ष नृत्य है।

एक स्त्री स्वर
और एक पुरुष स्वर के
युगलों की चहचहाहट की गूँज से भरा।

नृत्य की एक प्रेमालाप की शाखा से निकली शाखा
से घना
हरी पत्तियों से छुपे
किसी एक शाखा पर
मिथुनरत युगल का भ्रम।

इस वृक्ष नृत्य में
फलित युगल
आदिवास करता हूँ।

# घंटे को मैंने बजाया

घंटे को मैंने बजाया
घंटे की ध्वनि मैंने सुनी
फिर अनुरणन।–

कितना निर्जन है यह क्षेत्र
मेरी उपस्थिति और पेड़ों की आड़ में
छुपा हुआ यह खँडहर मंदिर !
अपनी उपस्थिति के साथ
मैं ऐसी ही निर्जनता लिये फिरता हूँ
और प्रतीक्षा ऐसी ही।

असमाप्त लौटने की राह पर लौटता हूँ,
घंटे का अंतर्नाद
मुझे सुनाई देता है–
घंटे का आर्तनाद
आर्तनाद का अनुरणन
असमाप्त मेरे साथ होता है।

# हवा के झरोखे से झोंका आया

हवा के झरोखे से झोंका आया
ढूँढ़कर आया।

आँधी में खो गया झोंका
कितनी बयार, पुरवाई से होकर
पछवाकर, हवा की सड़क पर
हवा का रिक्शा
हवा ने रिक्शा चलाया
रिक्शे में बैठ झोंका आया।

घंटी बजाकर नहीं
हवा की हेंडिल पर घंटी की जगह
उड़ता पपीहा
पियू ! पियू ! से
दूरी को सामने से हटाता
थोड़ा सा स्पर्श आया।

# मंदिर नया था

मंदिर नया था
जब चट्टान नयी थी
तब तराशा नया था
और निर्माण के चलते
शताब्दी के बाद
शताब्दी नयी थी
एक दिन नया था
और प्रत्येक दिन
वह तबसे आ चुका था
और वह तबसे अकेली नहीं थी
और तभी से
अपने आ चुकने के बाद
पट की ओर निहारते
दोनों स्थापित
एक दूसरे की प्रतीक्षा के
देवी देवता थे।

प्रत्येक दिन के बाद
एक दिन, मंदिर का प्राचीन होना हुआ
तब प्राचीन होना नया था
और प्राचीन होना हमेशा नया था।

## वे दोनों एक दूसरे के भक्त

वे दोनों एक दूसरे के भक्त
और कोई देवी देवता नहीं
चौरासी करोड़ देवी देवताओं से
निर्जन प्रदेश का एकांत
वहीं घर
पूजा की कोठरी सा।

छोटी सी गृहस्थी के कर्मकांड का ब्रह्मांड
जैसे झाड़ू लगाने से
रात का बचा अँधेरा दूर होता
और कालिख लगे बर्तनों को माँजने में
सूर्य मँजते हुए उदित होता।

चंद्रमा कभी छोटा कभी बड़ा
एक दिन का खर्च हुआ
चिल्हर सिक्का था–
चंद्रमा को उठाकर (आकाश तक)
वह धरती पर खर्च कर देती।
एक साथ खर्च करने को दो सिक्के नहीं थे
नहीं तो चंद्रमा दो होते।
दूज, तीज उसकी गिनती थी।
धरती उसके प्रेम के पुण्य से भरी

तो आकाश अंतहीन भरता हुआ।

बड़े सबेरे दूध की गंजी वह
देहरी के पास रख देती
ग्वाला उसमें नियम से दूध डाल देता
यह ग्वाला धरती में यदि कृष्ण नहीं
तो आकाश में हुआ होता
परंतु, दोनों की एक दूसरे की भक्ति में
कोई और देवी देवता नहीं में
वह कृष्ण भी नहीं था
धरती में और आकाश में
जो चौरासी करोड़ उदाहरणों में
एक छोटा सा उदाहरण था।

# दरवाजा नहीं था मंदिर में

दरवाजा नहीं था मंदिर में
पत्थर के चौखट में दरवाजे का निराकार था।

इस निराकार दरवाजे के अस्पष्ट बंद या खुले को
मैं स्पष्ट खोलता हूँ।

बहुत देर लगा दी–उसने कहा।
वह मेरी सदैव प्रतीक्षा में खड़ी
स्थापित थी।

तब देर से आने की सदैव कथा कहता हुआ
कत्थक की एक मुद्रा में
उसके दाहिने आकर मैं
सदैव स्थापित
खड़ा हो गया–
उसकी सदैव प्रतीक्षा के दाहिने सदैव आया हुआ।

मंदिर का एक सदैव घर था।

## हाथ बढ़ाकर मैं भी उसे स्पर्श करता हूँ

हाथ बढ़ाकर मैं भी उसे स्पर्श करता हूँ
जब मैंने पत्थर को पत्थर के स्पर्श में देखा
पत्थर का होना शाश्वत होना है—उसने कहा।

क्या मेरा स्पर्श भी पत्थर का हो
मेरा पत्थर का हाथ
उसके पत्थर के गालों को स्पर्श करे !

हम दोनों शाश्वत होने से बच गए
मैं भी चकित नहीं हूँ
और वह भी
कि हम दोनों शाश्वत होने से बच गए।

पत्थर का होना शाश्वत होना है के
खँडहर का एक टुकड़ा
पत्थर का होना शाश्वत होना है के वाक्य का टुकड़ा है—
एक टुकड़ा—होना
एक टुकड़ा—है
एक टुकड़ा शाश्वत का
श्व खँडहर में दबा पड़ा हुआ।

## प्रतिमाएँ पत्थर की हैं

प्रतिमाएँ पत्थर की हैं
मूर्तियों में आनंद पत्थर का
सुख पत्थर का है
इस सुख से मुस्कुराहट पत्थर की।
हमारी चितवन के सामने पत्थर है
परंतु सब कुछ सजीव
कि प्रतिमा के चितवन के सामने
हम दोनों पथराये
हमारे पथराने में मूर्तियों का सौष्ठव
मूर्तियों की नक्काशी
हम दोनों आलिंगन में पथराये।

# दूरी के बंद दरवाजे के सामने

दूरी के बंद दरवाजे के सामने
उसे पुकारता हूँ—
नहीं हो क्या ?
हमेशा की तरह—नहीं हो क्या।
उसने पहले भी कहा था कि
हो क्या, कहकर मैं क्यों नहीं पुकारता
दरवाजा खोलकर यही फिर कहा।

वह जाने लगी
और मेरे हो क्या पुकारने में
चली गई।

धीरे से मैंने उसे पुकारा—
हो क्या ?
और उसकी सभी समीपता को
समेट लिया।

सभी समीपता के पश्चात
बची हुई समीपता का अथाह
उसके साथ सिमट आया।

# यह अनंत अंत का दौर

यह अनंत अंत का दौर
आत्मसात के गाँव में
आत्मसात का ठौर।

आत्मसात का बारबार
अबकी बार, अगली बार
इसबार
हरबार का दौर
हरबार के इस गाँव में
हरबार का ठौर।

मिलने और बिछड़ने के पहले
बस इतना जीवन
इस जीवन का और
एक साथ के इस गाँव में
एक साथ का ठौर।

# मंदिर को उसने

मंदिर को उसने
घर में इकट्ठा कर लिया था
देवता को मुझमें।
तब वह मूर्ति सदृश्य
प्रतिदिन की सूखी पत्तियों को
बुहार रही थी,
मेरे आने को
शताब्दियों बाद प्रगट हुआ सा उसने देखा।

बरसात को उसने
सरोवर में इकट्ठा कर लिया था,
सरोवर से जल लाकर
बरसात से उसने
निर्माण के क्षेत्र से भी बाहर
निर्मित को धोया
और बाढ़ के पानी को
नदी निकालकर बहा दिया।

चटनी के लिए उसने इमली,
बीज निकालकर इकट्ठा किया
उसी तरह बिजलियों को
कड़क-ध्वनि निकालकर

जमा किया था–
बीती रातों से बिजली की झालरों को निकालकर
इस रात को सजाया,
तथा सूपे में महुवा के फूलों के साथ
झरे हुए इकट्ठा तारों को,
पछोरकर
चाँदनी का आकाश कर दिया था।

शीत ऋतु को उसने
उघारे में इकट्ठा किया था
ग्रीष्म को तपने में
आलिंगन में आलिंगनों को
चुंबन में चुंबनों को
और प्रतीक्षाओं के अंत को
प्रतीक्षा के अंत में।

# अंतिम समय तक के लिए

अंतिम समय तक के लिए
उनका एक गृहस्थ आश्रम
एकांत के घने वन से छुपे
जीवन की अथाह गहरी नदी के किनारे।

इसी नदी के जल में डुबकी लगाकर
दोनों स्नान करते
कलश में वह

यही जीवन जल भरती
और यही जल वे ताँबे के लोटे में लेकर लौटते।

अपनी कर्म साधना के चलते
दोनों नदी की मँझधार तक पैदल भी चले जाते
किसी डूबते का दुख बाँटते
और हाथ पकड़कर उभार लेते
कभी स्वयं को स्वयं से।
यदि भँवर के गड्ढे में पैर पड़ जाता
तो चक्कर आ जाता।

उस पार के किनारे से
जहाँ साप्ताहिक हाट भरता

एक सफेद झोले में वे कभी
थोड़ा सा अन्न लाते
और वह टिकुली, सिंदूर, फीता,
दो बीता नया कपड़ा
कभी अंगोछा, नमक, मिट्टी का तेल।

एकांत के वन में उनके इस गृहस्थ आश्रम में
बचपन की देखी चिड़ियाओं का झुंड
उड़ता हुआ आता
और जिस आम के वृक्ष पर
युवावस्था के फल तोड़ने की स्मृति होती
उस पेड़ पर बैठ जाता।
सचमुच की चिड़िया
स्मृति की चिड़िया की तरह बैठी होती
वह उड़ जाती
परंतु स्मृति की चिड़िया नहीं
वह तो घोंसले बनाने लगती।
आश्रम के आँगन में
पछोरे अन्न के दानों को चुगने
दोनों के बचपन की देखी चिड़िया बैठ जाती।

और जब-तब एक गुड़िया
जिसका वह ब्याह नहीं करा पाई होती
अक्ति के दिन या आए दिन
अपने आसपास में
या दूर-दूर में
कब से रखा एक गुड्डा ढूँढ़कर
ब्याह करा देती।
गुड़ियाओं के बड़े होने का
वह राह देखती
और गुड़िया कभी भी

बहुत बड़ी नहीं होती
इसलिए एक अच्छा गुड्डा
कुछ देर से सही, ढूँढ़ लेती।

उनकी कम होती आवश्यकताओं में
सूर्य की एक किरण से प्रातः
और अंतिम एक किरण के डूबने से संध्या होती,
सूर्य को उन्होंने जमा करा दिया था
कि कल दूसरों के काम आएगा
यद्यपि तब भी प्रातः की एक किरण,
और प्रातः और पूरा दिन नया होता
और संध्या की अंतिम किरण
अंतिम नहीं होती अगले दिनों में भी।
इस दिनचर्या में वे उषाकाल की पहली और संध्या की अकेली किरण को
गठान लगाकर जोड़ देते
भविष्य के धब्बों को धोकर
कल के उपयोग के लिए
इसी अरगनी में सूखने डाल देते
तथा बचे समय में
बीती गलतियों को सुधारने का
काम लेकर बैठ जाते
तो दूसरों की गलती अपनी गलती लगती
और दिन बीत जाता।

रात्रि होते ही गहरी होती
और अँधेरा होते ही अंधकार
बहुत जल्दी सोते हुए
दोनों प्रायः सुबह का स्वप्न देखते
और रात में चौंककर दो तीन बार उठते
कि सुबह हो गई
और दोनों में से कोई

दोनों में से किसी को सुला देता
कि रात बाकी है सो जाओ।

साथ-साथ सोते हुए
एक ही स्वप्न देखते।
टूट जाता तो वहीं से जोड़ते
जहाँ से टूटा होता और देखने लग जाते।
स्वप्न के जोड़ का पता नहीं चलता
कुछ छूटता नहीं।

एक ही जागरण के दिन में
इस तरह शामिल होते
कि काम का समय कम पड़ जाता
बचा काम कम नहीं होता
नया काम और जुड़ जाता
इसलिए प्रायः
सुबह के धोखे में
आधी रात को उठे दोनों
जरूरी काम कर रहे होते
बहुत देर बाद एक-दो चिड़ियों का बोलना
सुनाई देता
अँधेरा कुछ बचा होता
परंतु उनका सबेरा
आधी रात को हो चुका होता।

# अपने एकांत अकेले में

अपने एकांत अकेले में
उसके स्मरण का कोलाहल था
पड़ोसी का मुझे ध्यान था।
मैंने फिर अपनी खिड़की बंद की
दरवाजा बंद किया
बाहर का मुझे कुछ भी सुनाई नहीं दे रहा था।

उसके स्मरण में मैं चौंक गया
कि मैंने तितली के पंखों की
फड़फड़ाहट सुनी।

खिड़की खोलकर
तितली को उपवन निकल जाने का
रास्ता सोचता हूँ
तो देखता हूँ
मेरे दरवाजे से
अन्दर सोने के कमरे का रास्ता
उपवन का रास्ता था।

# हमारे आने की थोड़ी आवाज हुई थी

हमारे आने की थोड़ी आवाज हुई थी।
हमारा मूक सिनेमा देखते हैं हमी दोनों
कि एक खिले फूल का प्लेबैक है
मुर्झाये हुए फूल पर
एक पीली चिड़िया का चुपचाप
एक काली चिड़िया के चुपचाप का प्लेबैक है।
एक लता पर पाँच अलाप
पाँच पंखुड़ियों का फूल है
जो सुनाई नहीं दे रहा
परंतु है दिखाई दे रहा।
लता में पाँच कोण की हरी पत्तियाँ
पाँच दिशा में नहीं जा पाईं
हथेलियों के स्पर्श से उगी
हरी ध्वनि की चुप है।

हमारा मन नहीं हो रहा था
हमारे जाने की आवाज
वहाँ छोड़ने का।

*'इस खुले मैदान में*
*आड़ में होने का*
*एक दृश्य रहता है'*

# तीन

# शायद

शायद
वहाँ शेष बचा हो सकता है
खूँखार भीड़ के चले जाने के बाद
शायद एक दयालु एकांत
दंगे में सब कुछ,
एक पूरा परिवार
भाई, बहिन, पत्नी, बच्चे
चुन-चुनकर बूढ़े माता-पिता भी
गँवा देने के बाद।
बचा हो सकता है इक्के-दुक्के घर में
बँधी बछिया, कुत्ते का पिल्ला
काली मुर्गी या पिंजड़े का तोता,
शायद नहीं।
बचा हो सकता
एक स्तब्ध व्यक्ति
शायद वह भी नहीं।
शायद बचा हुआ–
शायद।

# वह व्यक्ति व्यक्तित्व ही

वह व्यक्ति व्यक्तित्व ही
व्यक्तित्व के हाथ-पैर नाक-नक्श थे।
बढ़ते-बढ़ते वह कुछ
इस तरह बढ़ा
कि एक खूब पोले ढोल के पेट के अंदर समाया तो
बस दो हाथ ही बाहर रह गए
ताकि यह ढोल जोरों से पीटा जा सके।

व्यक्ति से मैंने हाथ नहीं मिलाया
व्यक्तित्व से कभी मुलाकात नहीं की।

## उछलती–कूदती

उछलती-कूदती आई लड़की को
फ्रॉक छोड़कर साड़ी पहनने के लिए कहा गया
तो वह दौड़ते हुए लगातार आड़ में होने लगी
पहले एक पेड़ की आड़ हुई
तो पेड़ कट गया
जंगल की आड़ में हुई तो
जंगल कट गया
धान के खेतों के अंदर घुसकर
धान की आड़ में हुई
धान कट जाने के बाद
तालाब में कूदकर
पानी की आड़ में हुई
तालाब सूखा तो घाटियों से उतरकर
पहाड़ की आड़ हुई
पहाड़ टूटा तो
इसके बाद
दूर तक मैदान था
वहाँ आड़ में होने के लिए
कुछ भी नहीं था
भागकर क्षितिज में थककर खड़ी हो गई
खड़े-खड़े कमर से नीचे जमीन हुई
कमर से ऊपर आकाश हुई
इस खुले मैदान में आड़ में होने को एक दृश्य रहता है।

# पिंजड़े के पक्षी को

पिंजड़े के पक्षी को
स्वतंत्र करने के लिए
जंगल नहीं जाना होता
घर के आँगन में पिंजड़ा खोल
उड़ा दिया जाता है तो
छत की मुँडेर या पास के पेड़ की ओर
पक्षी चला जाता होगा।
पता नहीं कहाँ किस पेड़ से
पकड़ा गया हो।
पर गगन वही है
सब जगह उड़ने का।—

एक बार जब विश्वनाथ बेतवा गये
तो नदी के बहते जल से
एक गोल पत्थर उठा लाये
जो उनके घर के आँगन के
खुले गगन में बरसों पकड़ा हुआ पड़ा रहा।
वे दुबारा बेतवा गये
तब पत्थर साथ ले गये
पारदर्शी जल के नीचे
याद कर, वहीं उसी जगह
दूसरे पत्थरों के बीच
पकड़े पत्थर को छोड़ स्वतंत्र किया
स्वयं उन्मुक्त हुए
देखकर मैं
जिसे बताया मैंने, वह भी।

# मैं अंतर्मुखी होकर

मैं अंतर्मुखी होकर कविता में अपने को एक वाक्य देता हूँ–
कि चलो निकलो।
इस वाक्य में बाहर देना भूल जाता हूँ
इसलिए अपने अन्दर और निकल जाता हूँ।
अंतर्मन के तालाब में
बहिर्मुख के प्रतिबिंब को
अंतर्मुख देखता हूँ।
बहिर्मुख की दाढ़ी बनाकर
अंतर्मुख की दाढ़ी बनाता हूँ।
बहिर्मुख को धोकर
अंतर्मुख साफ देखता हूँ।
तैयार होकर बाहर
परंतु अंतर्मुख के साथ निकल आता हूँ
खुली हवा में उसी से साँस लेता हूँ।

# गाड़ी से उतरते ही

गाड़ी से उतरते ही
स्टेशन से पैदल
बहुत तेज धूप में
जल्दी-जल्दी कि देर न हो जाए
चाचा के घर आया था
बहुत उदास थका हुआ
सूखे खेतों के बीच पगडंडियों से।
शुरू में तो वहाँ भी पानी बरसा था
धान अंकुरित हुए और सूख गये।
रास्ते में जो मिला
उधर बारिश के हाल पूछे
और चाचा के घर पहुँचते ही यही हुआ
छोटे मुन्नू तक ने पूछा—वहाँ पानी गिरा ?
बरामदे में खड़े चाचा से
अकाल, राष्ट्र, और आतंक की चर्चा होने लगी
पास-पड़ोसी आ गये
बहस होने लगी
अंत में मैं कह पाया—
अम्मा बहुत बीमार हैं।
यह खबर बताने में मुझे देर हुई

इतने दिनों से कहीं बारिश नहीं हुई।

## दीवाल में एक खिड़की रहती थी

दीवाल में एक खिड़की रहती थी
खिड़की से एक दृश्य रहता था
एक झोंपड़ी, दो पगडंडी, एक नदी
और दो-एक तालाब रहते थे
एक आकाश के साथ सबका होना रहता था
लोगों का आना-जाना कभी-कभी रहता था
पेड़-पक्षी रहते थे
खिड़की से सब कुछ रहता था
नहीं रहने में एक खिड़की खुली नहीं रहती थी
रहने में एक खिड़की खुली रहती थी
खिड़की से हटकर दीवाल में एक आदमी रहता था।

# बचाकर रख लेनी चाहिए हवा

बचाकर रख लेनी चाहिए हवा
साँस लेने के लिए,
दूर नल से पानी लाते हैं
वैसे ही नालियों, दुर्गंध से दूर जाकर
एक साबुत घड़े में शुद्ध हवा लानी चाहिए।
शाम को थके हारे मेहनत-मजूरी से लौटने के बाद
अपने बच्चों-पत्नी के साथ
साँस रोककर
घर से दूर भागने का अभ्यास करना चाहिए
और भागते हुए अपने शहर के भोपाल से
बाहर चले जाना चाहिए।
रात में तकिए के नीचे
चार-आठ आने की रेजगारी के साथ
नींद बचाकर रख लेनी चाहिए
और जागते रहना चाहिए।

घटते-घटते जीवन इतना ही बचा है
भरपूर जीवन की लड़ाई के लिए
जीवन को कितना
और कैसा बचा होना चाहिए ?

# जंगल के उजाड़ में

जंगल के उजाड़ में
कांदा खोदते-खोदते
भूख से बेहाश पड़े आदिवासी के लिए
कौन डाक्टर को बुलाएगा !
उसे अस्पताल ले जाना चाहिए
या रसोईघर !!
यहाँ दूर तक कोई अस्पताल नहीं
दूर-दूर तक ऐसी झोंपड़ी नहीं
जहाँ रसोई पकती हो।
भूख से बेहोश पड़े आदमी का
प्राथमिक उपचार क्या होगा !!
बेहोशी में लगेगा कि अभी सोया हुआ है
और उसे सोने दिया जाए
बेहोशी में मर जाए तो
कैसे पता चलेगा कि मर गया
और अब कुछ नहीं हो सकता !!
यदि वह मर गया
तो उसके हिस्से का
हंडी में थोड़ा भी भात नहीं था
जो दूसरे के लिए बच जाता—
दूर किसी पेड़ के नीचे या झोंपड़ी में
उसकी पत्नी और तीन बच्चे

भूख से मरते हुए उस आदमी का
इंतजार करते होंगे
कि वह कांदा खोदकर ला रहा होगा
फिर वे भी भूख से मर जाएँगे।
कुछ ही दिनों से यह एक आदिवासी कथा है
कि बहुत बरस से जंगल में
बहुत से आदिवासी भूख से मर जाते हैं।

## पुराना जंग लगा ताला कहीं दिखता है !

पुराना जंग लगा ताला कहीं दिखता है ?
यह प्रश्न विरासत के खुले संसार में
ध्वनियों के कैमूफ्लाज में
सुनाई नहीं दिया
एक दिन किसी समय, किसी जगह
किसी से पूछा गया-सा
एक और जंग लगे ताले की तरह
कहीं जड़ा रहा।

अपनी स्वतंत्रता की जगह में
जैसे दस बाई दस फुट की जगह में
दस लोग दसवें फुट के कोने तक
अपनी इच्छा से आना-जाना करते
और मौका निकालकर
साथी के कान में गुप्त बात कह देते–
आज कौन सा दिन है ?
क्या वही तारीख जो पिछले माह थी ?
वही महीना जो कई वर्ष पहले था ?
वही शताब्दी जो पचास वर्ष पहले थी ?
गुप्त प्रश्न के गोपनीय निरुत्तर उत्तर होते
पूछने वाला निरुत्तर को पाकर संतुष्ट हो जाता
और अभिव्यक्ति में 'हाँ' के लिए धीरे से अपना सिर हिला देता।
यह सिर हिलाना बिना कटे सिर को

जमीन पर गिरने से पहले सँभालने जैसा लगता–
क्या मस्तिष्क में भूकंप आया ?
मस्तिष्क में नहीं, दस बाई दस फुट की धरती में
इस धरती पर खड़े आदमी के सिर को केवल
फोकस किया गया–
धीमी गति से
कि भूकंप जिसमें धरती डोल जाती है
तब सिर जिस तरह डोलता है–
'हाँ' के लिए डोलत्ता है।

जो जन्म से कैदी है
उनकी उम्र पूछने पर वही कैद की उम्र होती।
इस जोड़ में गलती होती होगी
कि एक कैदी माँ के कोख के काल को
कैद में शामिल किया जाए या नहीं
दुविधा कि कोख में बच्चा स्वतंत्र था ?

पुराना जंग लगा ताला कहीं दिखता है ?
यह प्रश्न
लोग ऊब गये हैं की दिशा की तरफ से उठता
कभी ऊबे नहीं हैं की दिशा की तरफ से
दोनों दिशाएँ एक-दूसरे से सटी होती
दिशाओं के फैलने की जगह न होने से
एक उँगली के इशारे पर
कई दिशाएँ होतीं।
और कभी हद हो गई दिशा की ओर से
इस दिशा के ऊपर छत का आकाश होता
छत के आकाश में
अमावस की रात के समय
पच्चीस वाट का टिमटिमाता तारा
स्विच आन होने से उगता–

एक अकेली तरय्या।
जीवन के इस घुप्प अँधेरे में
बिजली की कटौती से
यह तारा दो-तीन रात न उगे तब
तारे की स्मृति का प्रकाश भी बुझ जाए।
दिन में बल्ब का जलना शुरू हुआ
तो सूर्य की स्मृति का प्रकाश बुझा।

दिन बीते फिर स्मृति के दिन
मानवाधिकार में मिली यह सहूलियत है
कि विस्मृत के दिनों में एक बल्ब टिमटिमाता था—
के बदले विस्मृत के दिनों में एक बल्ब टिमटिमाता है कहा जाए
तथा कुशल-क्षेम की चिट्ठी
जो किसी पीढ़ी में
किसी को लिक्खी
हमी को लिक्खी
आज अभी जाकर मिली को
पढ़ें इस घुप्प अँधेरे में
विस्मृत दिनों के
एक बल्ब के उजाले में।

विस्मृत दिनों के टॉर्च के उजाले के सहारे
दूर निकल जाने एक, आगे बढ़ता है
कि दस बाई दस फुट का अँधेरा
असीम अँधेरा लगता है।

दूसरा, विस्मृत दिनों में अध-बची बुझी मोमबत्ती को
आँधी की तरह बढ़ते जोर के अँधरे में जलने से या
बुझी मोमबत्ती को और बुझने से बचा रहा है।

बाकी विस्मृत के दिनों में कई दिनों से रहने चले गये

विस्मृत के दिनों के दस बाई दस फुट में
कब आएँगे मालूम नहीं,
यह घर बदल दिया।

जाते रहते
रहे आते हैं।

चुपचाप आते-जाते रहने में
पैर की ठोकर से कभी
झन्न से आवाज होती है
यह विरासत के खुले संसार के कोने में पड़ी
विरासत की जंग खाई चाबियों के गुच्छे की है।

ताले में बंद मन
आगे न बढ़ पाने के कारण
खिन्न होता है
वही कोने में पड़ी चाबियों का झन्न होता है।
कोना जो सबका कोना है
इतना कोना नहीं कि सबके हृदय का कोना
उतना कोना भी नहीं कि दिमाग का कोना।

दस बाई दस के कोने में पड़ी
इस चाबियों के गुच्छे का सबको इतना अधिक पता है
कि उसकी तरफ ध्यान नहीं जाता।
अलबत्ता कमरे की सड़क पर
आते-जाते
जब किसी को फिर मिली जैसी
एक जंग खायी चाबी मिलती
तो गुच्छे में उसे पिरो दिया जाता।

कहाँ से गिरी जैसी चाबी

किसी की जेब से या दिमाग से।
शरीर को काट-काटकर
ढूँढ़ा गया होगा
जलाकर राख को ढूँढ़ा गया हो
तब नहीं मिली होगी जैसी चाबी
फिर मिली जैसे मिली।

पुराना जंग लगा ताला कहीं दिखता है ?
इस प्रश्न की प्रतिध्वनि
जंग लगा ताला कहीं नहीं दिखता है की होती होगी।
प्रश्न नहीं सुनाई दिया
और यही प्रतिध्वनि सुनाई देती हो।

प्रश्न में प्रश्नवाचक चिह्न एक चाबी की तरह लगा
भले व्याकरण सम्मत लगा
कुछ निम्न-से कैदखाने में बिखरे—
खड़ा है कौन ?
आया कोई ?
कहाँ हो ?
यह कैसा कैदखाना है ?
दो जून की रोटी मिल जाती है ?
लौट आना ?
बार-बार पूछे गये के चिह्नों को
जंग खाये प्रश्नों में
पिरोकर एक गुच्छे में
झन्न से डाल दिया गया कोने में
जो सबका कोना है

समूह का कोना
व्याकरण सम्मत होना
भाग्य का व्याकरण

कि पीढ़ी-दर-पीढ़ी
भविष्य में ताले जड़े जाते हैं
भविष्य के ताले में जंग नहीं लगता
जब दिखता वर्तमान नया दिखता
तथा दस बाई दस फुट के कमरे की सड़क में
नयी चाबी मिलने का संयोग नहीं होता।

जंग लगा ताला कहीं दिखता है ?
दस बाई दस फुट का संसार
अंदर एक अनंत बीतता है
बाहर एक अनंत बीतता है।

●●●